AF623066

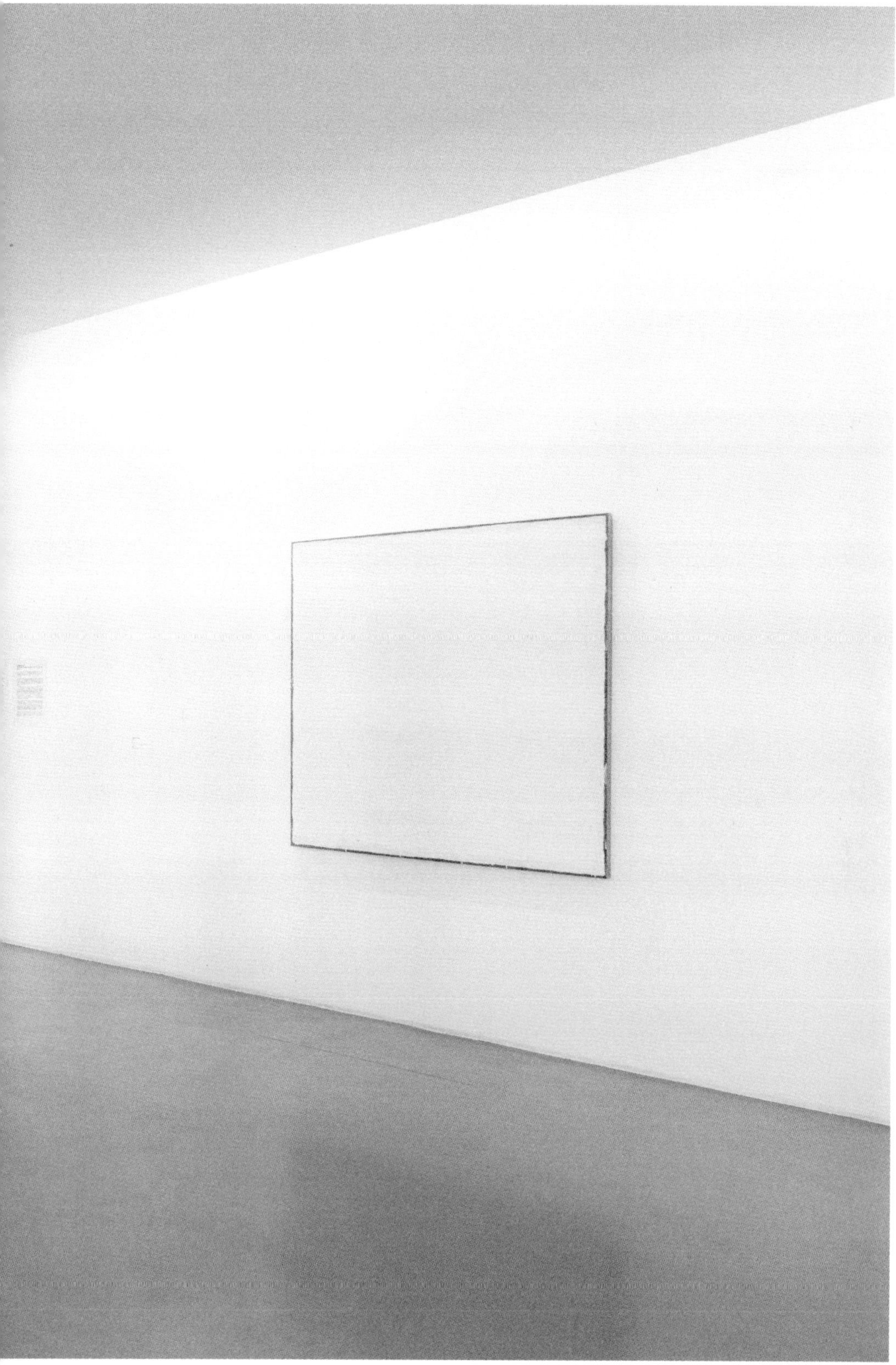

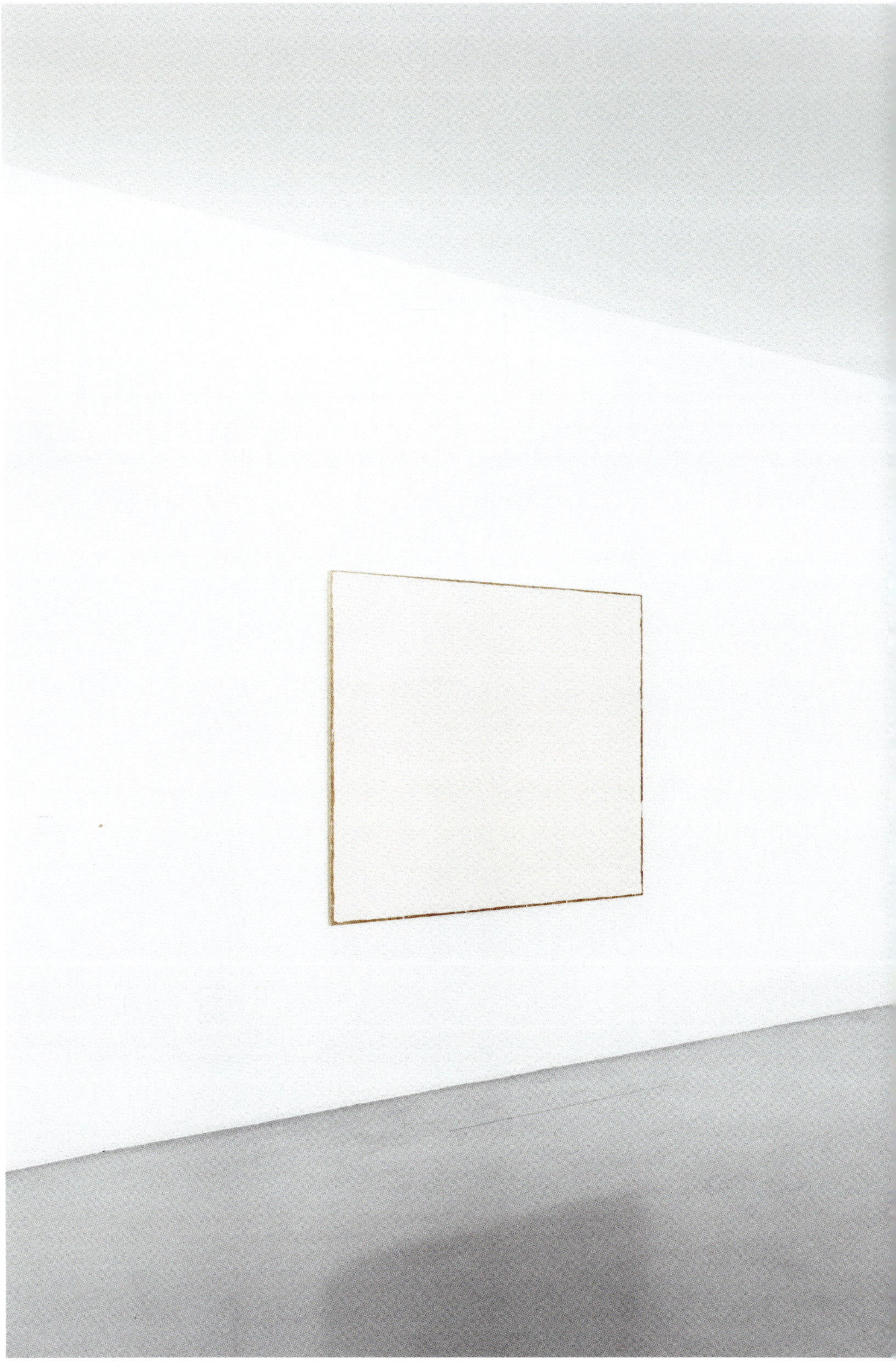

Couverture
Untitled [Surface Veil], 1970, huile sur fibre de verre avec cadre en papier ciré et ruban adhésif (détail)

P. 1
Finished Painting #3, 1970, peinture glycérophtalique sur toile de lin (détail)

P. 2-3
General, 1970, peinture glycérophtalique sur toile de coton
Lisson, 1972, peinture glycérophtalique sur toile de lin

P. 4-5
Lisson, 1972, peinture glycérophtalique sur toile de lin
General, 1970, laque sur toile de coton

ROBERT RYMAN.

Collection Lambert musée d'art contemporain Avignon

ACTES SUD
LES CAHIERS DE LA COLLECTION LAMBERT

SOMMAIRE

PRÉFACE

Alain Lombard
Directeur de la Collection Lambert

Consacrer le second volume des *Cahiers de la Collection Lambert* à Robert Ryman supposait que soient surmontés plusieurs obstacles.

D'une part les sarcasmes des personnages de la pièce de Yasmina Reza, *Art*, face au tableau entièrement blanc acheté par l'un des leurs résonnent encore à beaucoup d'oreilles, même si les monochromes (terme évidemment réducteur, et d'ailleurs récusé par Robert Ryman) ont acquis depuis longtemps une vraie légitimité aux yeux des amateurs d'art contemporain.

D'autre part rien n'est plus problématique que la reproduction dans un ouvrage d'œuvres qui ne représentent rien et pour lesquelles la relation entre le tableau et le spectateur est fondamentale.

Mais le défi valait la peine d'être relevé, car Robert Ryman, exposé dès 1969 par Yvon Lambert (à peine deux ans après sa première exposition à New York), est pour celui-ci "le plus grand peintre", une référence, un modèle. L'importance de ce grand artiste au sein de l'histoire de l'art a été rappelée avec force lors de sa disparition en février 2019.

L'ensemble unique d'œuvres de Robert Ryman dont dispose la Collection Lambert, avec notamment pas moins de neuf peintures, dont six appartiennent maintenant à l'État (Centre national des arts plastiques), mérite d'être pleinement mis en valeur, d'une manière respectueuse et sensible. C'est en ce sens qu'a été préparé cet ouvrage, avec la complicité généreuse et enthousiaste d'Yvon Lambert.

FOREWORD

Alain Lombard
Director of the Collection Lambert

Devoting the second volume of the *Cahiers de la Collection Lambert* to Robert Ryman presupposed negotiating several obstacles.

On the one hand, the sarcastic remarks of the characters in Yasmina Reza's play, *Art*, as they stand looking at the completely white picture purchased by one of them, still ring out in many an ear, even if monochromes (an obviously simplistic term, and one incidentally objected to by Robert Ryman) have long since acquired a real legitimacy in the eyes of contemporary art-lovers.

On the other hand, nothing is more problematic than the reproduction, in a book, of works which represent nothing, and for which the relation between picture and viewer is fundamental.

But it was worth taking up the challenge, because for Yvon Lambert, Robert Ryman, whose work was first shown in his gallery in 1969 (hardly two years after his first show in New York), is "the greatest painter", a reference and a model. We were strongly reminded of the importance of this great artist in the annals of art history when he passed away in February 2019.

The unique selection of Robert Ryman's works available to the Collection Lambert, with in particular no fewer than nine paintings—six of which now belong to the State (Centre national des arts plastiques)—deserves to be fully highlighted, in a respectful and sensitive way. It is in this spirit that this publication has been prepared, with the generous and enthusiastic complicity of Yvon Lambert.

Untitled Painting, 1972, peinture glycérophtalique sur toile de lin

General, 1970, laque sur toile de coton

VOIR APPARAÎTRE LA PEINTURE

Stéphane Ibars

Certains rêveurs se laissent aller à faire quelque chose plutôt que rien. Avec une passion du détail, une exigence de perfection, le goût de détruire et de refaire, la poursuite d'un inaccessible qui donne à l'objet qu'ils ajoutent au monde cette insondable et mystérieuse présence de la chose en laquelle l'esprit s'est incarné. Robert Ryman est l'un de ceux-là. Exemplairement.

JEAN FRÉMON, *PARADOXES DE ROBERT RYMAN*, L'ÉCHOPPE, PARIS, 2018, P. 86-87

Yvon Lambert découvre le travail de Robert Ryman à New York dans la seconde partie des années 1960. Il multiplie alors les allers-retours entre Paris, où il a ouvert sa galerie rue de l'Échaudée, et la nouvelle capitale internationale de l'art, de l'autre côté de l'océan Atlantique. Il délaisse l'École de Paris, qu'il juge trop éloignée des préoccupations esthétiques contemporaines, et accueille dans son espace les propositions radicales d'une génération dont il découvre les œuvres aux États-Unis.

LE PLUS GRAND DES PEINTRES

C'est d'abord à la galerie Bianchini, lors de la première exposition personnelle de l'artiste en avril 1967, qu'Yvon Lambert se confronte au travail du peintre, puis dans une exposition de groupe chez Marilyn Fischbach, qui avait ouvert une galerie à New York et qui restera une amie proche du collectionneur. "J'aimais cette galerie où l'on pouvait passer en un clin d'œil d'une suite d'œuvres de peintres réalistes à la jeune génération de l'art conceptuel et minimal à laquelle Robert Ryman était alors associé", raconte aujourd'hui Yvon Lambert, avant de poursuivre : "Il reste de cette époque un polaroïd pris par Daniel Buren sur lequel on me voit assis par terre dans ma galerie."

Rendez-vous est rapidement pris avec l'artiste dans son atelier et l'idée d'une exposition à Paris prend forme. Elle ouvre le 27 novembre 1969, juste après une exposition consacrée à Richard Long et avant celle qui présentera pour la première fois en France le travail de Brice Marden, autre peintre si singulier et fer de lance de cette nouvelle génération d'artistes chers au cœur d'Yvon Lambert. L'exposition de Robert Ryman est à la mesure de l'ambition de sa peinture, d'une radicalité et d'une poésie sans concessions. Le peintre installe sur les murs de la galerie des feuilles de Mylar, qu'il scotche dans un premier temps. Il dépose ensuite la peinture blanche, touche après touche, de sorte qu'elle déborde de la toile jusque sur les murs. Une fois sèches, les œuvres se voient dépossédées des scotchs qui les avaient fixées aux murs et restent collées par la peinture même. Les œuvres, quasi invisibles, imprègnent les murs de la galerie d'une étrange présence. Fragiles, comme suspendues dans l'espace et dans le temps, elles persistent silencieusement aux côtés du visiteur dans une tension sensible jusqu'alors insoupçonnable, entre l'affirmation de leur existence à nos côtés et la conscience de leur inéluctable disparition à la fin de l'exposition. En même temps qu'elles semblent ouvrir de nouvelles voies à la peinture grâce à des manières de faire jusque-là inconnues du marchand-collectionneur, elles rappellent les grandes œuvres de la Renaissance,

REVEALING PAINTING

Stéphane Ibars

Some dreamers indulge in doing something rather than nothing. With a passion for detail, a demand for perfection, a liking for destroying and re-making, the pursuit of something inaccessible which lends to the object they are adding to the world that unfathomable and mysterious presence of the thing in which the mind is incarnated. Robert Ryman is one of them. And a fine example.
JEAN FRÉMON, *THE PARADOXES OF ROBERT RYMAN*, TRANS. BRIAN EVENSON (NEW YORK: BLACK SQUARE EDITIONS, 2008)

Yvon Lambert discovered Robert Ryman's work in New York in the late 1960s. He then increased the frequency of his trips from Paris, where he had opened his gallery on Rue de l'Échaudée, to the world's new art capital, on the other side of the Atlantic. He abandoned the School of Paris, which he deemed too removed from contemporary aesthetic issues, and played host in his Paris venue to the radical ideas of a generation whose works he was discovering in the United States.

THE GREATEST OF PAINTERS

Yvon Lambert initially saw Robert Ryman's work at the Bianchini Gallery during the painter's first solo show, held in April 1967, then in a group show organized by Marilyn Fischbach, who had opened a gallery in New York and who would remain a close friend of the collector: "I liked that gallery where in a trice you could move from a sequence of works by realist painters to the younger generation of conceptual and minimal artists with whom Robert Ryman was then associated," Yvon Lambert recalls today, adding: "From that period, there's a Polaroid photo taken by Daniel Buren in my gallery in which you can see me sitting on the gallery floor."

A meeting was swiftly arranged with the artist in his studio and the idea of an exhibition in Paris started to take shape. It opened on November 27, 1969, just after a show devoted to Richard Long, and just before the exhibition that would introduce France to the work of Brice Marden, another extremely unusual painter, and spearhead this new generation of artists beloved by Yvon Lambert. The Ryman exhibition was on a par with the goal of his painting, with its uncompromising radical and poetic quality. The painter put sheets of Mylar on the gallery walls, which he initially affixed with tape. He then applied white paint, stroke by stroke, in such a way that it went beyond the canvas onto the walls. Once dry, the tape attaching the works to the walls was removed, and they remain affixed by the paint itself. These almost invisible works filled the gallery walls with a strange presence. They seemed fragile, as if suspended in space and time, and hung silently beside visitors in a state of previously unsuspected perceptible tension, somewhere between the assertion of their existence alongside us and an awareness of their inevitable disappearance at the end of

de la fresque de *La Cène* de Léonard de Vinci au *Couronnement de la Vierge* de Fra Angelico que Brice Marden utilisera par ailleurs dans une des œuvres les plus singulières de la collection d'Yvon Lambert, *Homage to Art n° 5*. "Robert Ryman était et reste pour moi le plus grand peintre", confie Yvon Lambert.

La petite œuvre présente dans l'exposition réalisée à l'occasion de cette publication (p. 53) est produite l'année suivante selon le même procédé et achetée par Yvon Lambert en 1972. "Cette œuvre est une véritable merveille. Elle ne faisait pas partie de l'exposition de 1969, mais raconte à elle seule toute la poésie et la démesure de ce projet. Je l'ai achetée quelques années plus tard à un confrère. Il existe d'ailleurs de nombreuses photographies d'époque de l'atelier de l'artiste sur lesquelles on la découvre scotchée au mur, telle qu'elle doit être présentée. C'est une des œuvres que je préfère et une des seules que je n'ai pas souhaité associer à ma donation à l'État français. C'est peut-être à mes yeux la plus précieuse. Elle est d'une modernité sidérante, d'une simplicité et d'une poésie si évidentes, et elle me rappelle en même temps les enluminures du Moyen Âge qui ornaient les beaux ouvrages des *Riches Heures* d'un duc ou d'un prince ou ces tableaux de voyages qui permettaient au gentilhomme de la Renaissance de garder près de lui et de contempler le portrait peint de l'être aimé." Dans ses *Paradoxes de Robert Ryman*, Jean Frémon écrit ainsi : "Une grande œuvre exerce autant d'influence sur le passé que sur l'avenir, elle modifie la lecture de ce qui la précède[1]."

Comme souvent à cette période, l'exposition, aujourd'hui considérée comme historique, n'intéresse que peu de monde, si ce n'est quelques amoureux de cet art aux avant-postes. Parmi eux, Ileana Sonnabend, qui en 1962 avait ouvert à Paris une galerie quai des Grands-Augustins dans laquelle elle présentait Roy Lichtenstein, Jasper Johns ou Andy Warhol, influence beaucoup Yvon Lambert. Le soir du vernissage, elle montre un intérêt particulier pour les œuvres de Robert Ryman et annonce vouloir acheter l'ensemble de l'exposition. Elle souhaite s'entretenir au préalable avec son mari Michael, qui dira finalement ne pas aimer le travail et déclinera l'offre de sa femme. "C'était bien la première fois que l'on me proposait d'acheter une exposition entière !", confie Yvon Lambert. Les peintures deviennent de véritables icônes de ces années de grands bouleversements esthétiques et seront pour certaines prêtées à de nombreuses institutions, revenant, pour deux d'entre elles, littéralement cassées, trop fragiles pour supporter d'être montrées ailleurs, loin des procédés conçus et mis en œuvre par l'artiste lui-même.

C'est à ce jour l'unique exposition de Robert Ryman réalisée par Yvon Lambert dans sa galerie parisienne, mais le collectionneur poursuivra la relation nouée avec l'artiste et achètera neuf autres œuvres datées de 1965, 1970 et 1972, ainsi qu'une série de sept aquatintes.

1- Jean Frémon, *op. cit.*, p. 67.

the show. At the same time as they seemed to open up new avenues for painting, because of various modus operandi hitherto unknown to the art dealer and collector, they also called to mind the great works of the Renaissance, from Leonardo da Vinci's fresco of *The Last Supper* to Fra Angelico's *Coronation of the Virgin*, which Brice Marden would, incidentally, use in one of the most unusual works in Yvon Lambert's collection, *Homage to Art n° 5*. For Yvon Lambert, "Robert Ryman was and still is the greatest painter."

The small work on view in the exhibition, produced for this publication (p. 53) and created using the same process, was made the following year, in 1970, and purchased by Yvon Lambert in 1972. "This work is nothing less than a marvel. It was not part of the 1969 show, but it single-handedly describes all the poetry and excess of that project. I bought it a few years later from a colleague. There are, incidentally, many photographs taken at the time of the artist's studio, in which we can see it taped to the wall, in the way it was meant to be presented. It is one of my favorite works and one of the only ones I didn't want to include in my donation to the French state. In my eyes, it is perhaps the most precious. It is stunningly modern, with such obvious simplicity and poetry, and at the same time it reminds us of the medieval illuminations, which embellished a beautiful book of hours of dukes and princes, or those travel pictures that enabled a Renaissance gentleman to keep the painted portrait of a loved one close to him, so that he could gaze upon it." In his book *The Paradoxes of Robert Ryman*, Jean Frémon writes, "A great work exerts as much influence on the past as on the future, and it modifies the understanding of what came before it."[1]

As was often the case in those years, the exhibition, which is now considered historic, was of interest to a mere handful of people, supporters of avant-garde art. Among them was Ileana Sonnabend, who in 1962 had opened a Paris gallery on the Quai des Grands-Augustins, where she presented Roy Lichtenstein, Jasper Johns, and Andy Warhol, and had a marked influence on Yvon Lambert. On the opening night of that exhibition, she showed a particular interest in the Ryman's works, and announced that she wanted to buy the entire exhibition. Before doing so, she wanted to speak to her husband Michael, who in finally said he did not like the work and turned down his wife's offer. According to Yvon Lambert, "That was the first time that anyone offered to buy a whole exhibition!" The paintings became icons of those years of major aesthetic upheavals, and some were loaned to many institutions; two returned literally broken, too fragile to withstand being shown anywhere else, far from the procedures devised and applied by the artist himself.

To this day, this was the only Robert Ryman exhibition organized by Yvon Lambert in his Paris gallery, but the collector would continue the relationship he had forged with the artist, and he bought nine other works dated 1965, 1970, and 1972, as well as a series of seven aquatints.

1- Jean Frémon, *The Paradoxes of Robert Ryman*, p. 51.

General, 1970, laque sur toile de coton (détail)

> "Faire des peintures blanches n'a jamais été mon intention. Et ça ne l'est toujours pas. Je n'estime même pas que je peins des tableaux blancs. Le blanc est seulement un moyen d'exposer d'autres éléments de la peinture. Le blanc permet à d'autres choses de devenir visibles[2]."

Robert Ryman est né à Nashville (Tennessee) le 30 mai 1930. Très tôt, il s'intéresse au jazz, alors peu répandu dans une région toute dédiée à la *country-music*, et pratique le saxophone. Il profite de son entrée à l'université pour quitter le foyer familial et s'inscrit au Tennessee Polytechnic Institute, puis au George Peabody College for Teachers, séduit par la possibilité d'y suivre le programme musical.

En 1950, alors que la guerre de Corée est déclarée, il intègre la réserve de l'armée américaine dans le but d'être associé à sa fanfare, et passera ainsi deux années entières à parcourir le Sud des États-Unis pour jouer à l'occasion de parades, de bals et d'événements organisés par différents clubs d'officiers.

En 1952, il prend un bus pour New York où vit le pianiste de jazz Lennie Tristano, dont il souhaite suivre l'enseignement de la musique et de l'improvisation.

Il ne connaît personne et passe ainsi son temps entre une pratique assidue de son instrument, reclus dans la chambre qu'il loue, et une exploration de la ville, qu'il découvre en touriste au gré des marches à travers les avenues et des visites dans les nombreux musées et galeries que compte New York. Robert Ryman n'a jamais eu l'occasion de se confronter à l'art dans son Tennessee natal et ses visites répétées au Museum of Modern Art (MoMA) sont autant de chocs esthétiques qui rythment sa découverte autodidacte de l'art moderne. Les œuvres de Jackson Pollock, Willem de Kooning, Franz Kline, Paul Klee, Henri Matisse ou encore Mark Rothko ouvrent alors des portes que l'artiste ne refermera jamais.

Robert Ryman fréquente Greenwich Village où il assiste à des concerts de jazz et participe à des *jam sessions*. Grâce à des relations qu'il noue avec les membres d'une chorale, il rencontre Betsy Jones, curatrice au MoMA, qui l'aidera à obtenir un emploi de gardien de salle, qu'il envisage avec joie comme un travail dénué de toute responsabilité lui permettant de ne pas abandonner la pratique de la musique d'une part, et de se confronter en permanence aux œuvres des artistes qu'il vient de découvrir d'autre part ; d'apprendre à leurs côtés. L'expressionnisme abstrait de de Kooning ou de Pollock le fascine, mais c'est à travers Kline, Rothko et Matisse que sa curiosité pour la peinture se déploie, que l'envie de faire soi-même naît pour ne jamais le quitter. Au-delà des œuvres qui l'émerveillent, c'est ce que ces artistes font avec la peinture qui l'intéresse. Comment peignent-ils ?

De Rothko, il apprend que la peinture n'est pas nécessairement une image finie mais qu'elle peut devenir "un objet qui se projette dans l'ici et maintenant de l'expérience du spectateur[3]". De Matisse, il apprend la simplicité et l'assurance du trait, l'aisance, le respect du geste, de la peinture et des regardeurs.

2- Propos de Robert Ryman rapportés par Nancy Grimes dans son article "White Magic" paru dans *Art News*, été 1986.
3- Vittorio Colaizzi, *Robert Ryman*, Phaidon, Londres, 2017, p. 119.

> It was never my intention to make white paintings. And it still isn't. I don't even think of my work as white paintings. The white is just a means of exposing other elements. White enables other things to become visible.[2]

Robert Ryman was born in Nashville, Tennessee, on May 30, 1930. At a very early age, he became interested in jazz, which was not all that widespread in a region dedicated to country music, and he played the saxophone. He used his admission to university as a pretext to leave home, and enrolled in the Tennessee Polytechnic Institute, then the George Peabody College for Teachers, attracted by the possibility of following its musical program.

In 1950, when the Korean War was declared, he joined the US Army Reserve, hoping to be part of its brass band, and he spent two years crisscrossing the southern United States playing at parades, balls, and events organized by different officers' clubs.

Two years later, in 1952, he boarded a bus for New York, where the jazz pianist Lennie Tristano was living, keen to take his music and improvisation classes.

He did not know a soul, so spent his time either industriously practicing his saxophone, holed up in the room he was renting, or exploring the city, which he discovered like a tourist as he strode down the avenues and visited New York's countless museums and galleries. Robert Ryman had never any opportunity to look at art in his native Tennessee, and his repeated visits to the Museum of Modern Art (MoMA) were like many aesthetic shocks, punctuating his self-taught discovery of modern art. The works of Jackson Pollock, Willem de Kooning, Franz Kline, Paul Klee, Henri Matisse, and Mark Rothko opened doors that the artist would never close again.

Robert Ryman was a frequent visitor to Greenwich Village, where he went to jazz concerts and took part in jam sessions, Thanks to friendships he struck up with members of a choir, he met Betsy Jones, a curator at MoMA, who would help him secure a job as museum guard, which he happily saw as work with no responsibility, permitting him to continue playing music on the one hand, and offering the chance to permanently look at the works of the artists he had just discovered, on the other, to learn at their side. The abstract expressionism of de Kooning and Pollock fascinated him, but it was through Kline, Rothko, and Matisse that his curiosity about painting developed, and the desire to paint came into being, never to leave him. Over and above the works that amazed him, it was what those artists did with paint that interested him. How did they paint?

From Rothko he learned that the painting is not necessarily a finished image, but that it can become "an object that projects itself into the here and now of the viewing experience."[3] From Matisse, he learned the simplicity and confidence of the stroke, ease, and respect for gestures, paintings, and viewers.

2- Robert Ryman's statements reported by Nancy Grimes, "White Magic," *Art News* 85, no. 6 (Summer 1986).
3- Vittorio Colaizzi, *Robert Ryman* (London: Phaidon, 2017), p. 119.

Robert Ryman veut peindre sans avoir appris et commence à apprendre en regardant puis en peignant, pas à pas, dans un mélange d'improvisation et de pleine conscience, comme persuadé du chemin et du geste qui lui seront propres.

Influencé par ces deux grands peintres modernistes en même temps qu'il est embarqué dans les réflexions menées par une génération d'artistes à laquelle il appartient tout en maintenant une distance nécessaire, Robert Ryman s'engage dans une réduction de la peinture à ses qualités formelles essentielles, existentielles.

NE PLUS PEINDRE QUE LA PEINTURE

> "Le début des années 1950 était un moment propice pour que rien n'arrive. Robert Rauschenberg produisait des tableaux entièrement noirs ou entièrement blancs et effaçait un dessin de Willem de Kooning ; Ad Reinhardt commençait à peindre des toiles monochromes noires ; Samuel Beckett écrivait *En attendant Godot*, pièce où « rien n'arrive trois fois » ; Guy Debord réalisait le film *Hurlements en faveur de Sade*, avec des images manquantes et de longues plages de silences ; Paul Taylor créait la chorégraphie de *Duet* où deux danseurs restent immobiles ; Jean-Paul Sartre poursuivait sa réflexion sur la question du néant et John Cage composait *4'33"*. C'est Cage qui sera amené à être le plus célèbre pour ce rien. Mais il ne s'agissait pas d'un rien dénué de sens. Personne ne pourrait soutenir que, dans l'Amérique de l'après-guerre, le silence était innocent. Cage situait le sien entre un deuil taciturne et un refus de fermer les yeux sur ce qu'il considérait comme les forces « lourdes et bruyantes » qui s'étaient tout d'abord manifestées dans la guerre. Il associait la grandiloquence des œuvres symphoniques du romantisme allemand à la Seconde Guerre mondiale et il voyait dans l'auto dramatisation exagérée des *mass média* et dans l'accélération du consumérisme américain frivole dans l'après-guerre un prolongement du « lourd » et du « bruyant », de l'expressif et de l'agressif [4]."

Les transformations esthétiques évoquées dans le texte de Douglas Kahn doivent être mises en relation avec les gestes sensibles à l'œuvre dans l'art minimal et conceptuel à partir des années 1960. La réduction de l'œuvre à un énoncé, à un agencement de mots ou à des formes minimales, blanches, noires, opaques, dénuées de tout geste ostensiblement subjectif, participe de ce mouvement politique et esthétique de redéfinition des conditions de conception, de réalisation, de matérialisation ou de dématérialisation et de partage de l'œuvre d'art dans une société en pleine mutation. Une poignée d'artistes associés à ces transformations radicales se distinguent pourtant par une singularité qui leur est propre, née d'un attachement persistant et particulier à la peinture. Robert Ryman, Brice Marden, Robert Mangold, Agnes Martin ou Niele Toroni font ainsi encore confiance en la peinture quand d'autres l'ont, semble-t-il, définitivement abandonnée (au moins matériellement) au profit de pièces de textes, d'installations et autres structures et objets usinés.

4- Douglas Kahn, "Plénitudes vides et espaces expérimentaux", in *Sons & lumières. Une histoire du son dans l'art du xxe siècle*, éditions du Centre Pompidou Paris, 2004, p. 79.

Robert Ryman wanted to paint without having learned how to, and he started to learn by looking and then by painting, step by step, in a mixture of improvisation and full consciousness, as if he was quite sure of his path and gesture.

Influenced by these two great modernist painters at the same time as he embraced the thinking of the generation of artists to which he belonged, while also keeping a necessary distance from them, Robert Ryman committed himself to reducing painting to its essential, existential formal qualities.

PAINTING ONLY PAINT

> The early 1950s was a moment that was ideal for nothing to come to pass. Robert Rauschenberg was producing completely black or completely white pictures, and erased a drawing by Willem de Kooning; Ad Reinhardt was starting to paint monochrome black canvases; Samuel Beckett was writing *Waiting for Godot*, a play in which "nothing happens, twice"; Guy Debord was making the film *Howls for Sade*, with missing images and long silences; Paul Taylor was creating the choreography for *Duet*, in which two dancers remain motionless; Jean-Paul Sartre continued his reflections on nothingness, and John Cage was composing *4'33"*. It is Cage who will become the most famous for this nothingness. But it was not a nothingness devoid of meaning. Nobody could maintain that, in postwar America, silence was innocent. Cage placed his silence between a taciturn mourning and a refusal to shut his eyes to what he regarded as the "heavy and loud" forces that had first come to light during the war. He associated the grandiloquence of the symphonic works of German Romanticism with the Second World War, and he saw in the exaggerated self-dramatization of the mass media, and in the speeding up of frivolous American consumerism in the postwar years, an extension of the "heavy" and the "noisy," of the expressive and the aggressive.[4]

The aesthetic changes described in Douglas Kahn's essay must be related to the perceptible gestures at work in minimal and conceptual art from the 1960s onward. The reduction of the work to a statement, to an arrangement of words or minimal forms, white, black, opaque, devoid of any ostensibly subjective gesture, was part of that political and aesthetic movement aimed at redefining conditions of conception, production, materialization and dematerialization, and sharing artwork in a changing society. A handful of artists associated with these radical changes nevertheless stood apart thanks to a singularity, resulting from a stubborn and specific attachment to painting. Robert Ryman, Brice Marden, Robert Mangold, Agnes Martin, and Niele Toroni thus still put their faith in painting, while others, it would seem, had once and for all abandoned it (at least in a material sense) in favor of excerpts from writings, installations, and machine-tooled structures and objects.

4- Douglas Kahn, "Plénitudes vides et espaces expérimentaux," in *Sons & lumières. Une histoire du son dans l'art du XXe siècle* (Paris: éditions du Centre Pompidou, 2004), p. 79.

Untitled Painting, 1972, peinture glycérophtalique sur toile de lin (détail)

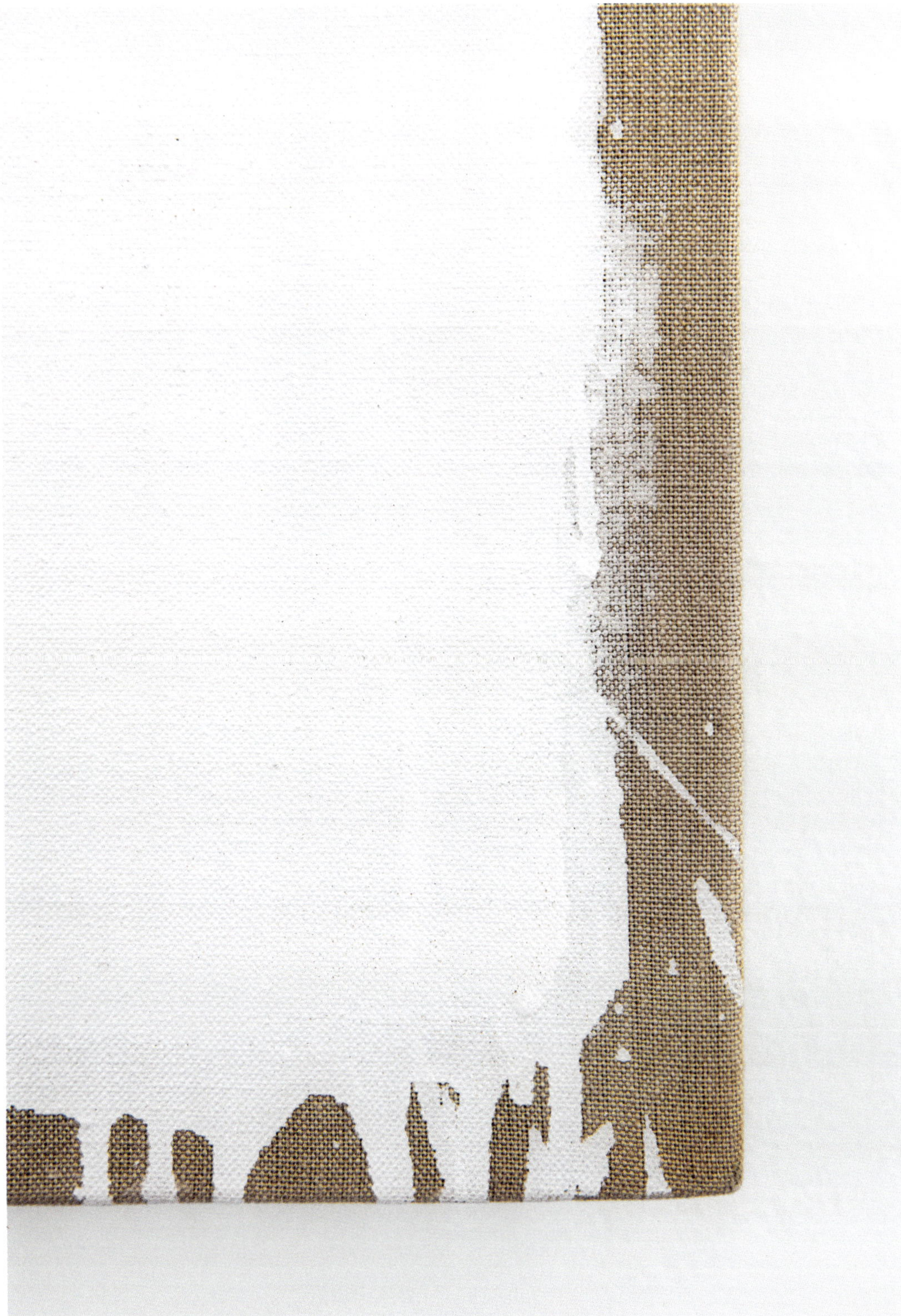

Présentés dans les mêmes événements que les autres artistes de leur génération tels Donald Judd, Lawrence Weiner, Richard Long, Robert Morris, Robert Barry, Sol LeWitt, etc., ils participent à l'accomplissement de la réduction formelle de l'œuvre tout en maintenant la présence du geste de l'artiste, bien que dégagée de toute forme d'expressivité. Il est à ce titre intéressant de remarquer que, dans la collection d'Yvon Lambert, les dix œuvres de Robert Ryman datant de 1965 à 1972 côtoient pour cette période de nombreuses œuvres des artistes précités, de sorte que l'on peut aisément observer les relations à l'œuvre entre chacun et chacune.

Il partage avec Robert Mangold le désir de préserver la peinture en partant de ses qualités intrinsèques alors que l'on annonce sa mort définitive. Avec Brice Marden, il partage une forme d'élégance et de distance teintée d'une implication corporelle et sensuelle indéniable. Avec Niele Toroni, il partage le goût d'une peinture que l'on pourrait qualifier de réaliste tant chez l'artiste suisse "l'empreinte n'est pas image, idée, illusion d'une peinture, mais bien empreinte réelle du pinceau n° 50[5]". Avec Cy Twombly, autre artiste inclassable, c'est certainement un goût particulier pour l'effacement, la tension entre présence et absence des éléments peints, un goût pour les nuances de blanc, bleus, gris.

Dans cet ensemble historique, les œuvres de Robert Ryman ont cette particularité qui leur est propre, de n'être conçues qu'à partir de peinture blanche, alors même que l'artiste a pu à de nombreuses reprises utiliser d'autres couleurs. Rencontrer ces dix peintures dans une même exposition au sein d'un accrochage de la Collection Lambert procure le plaisir d'une immersion totale dans la poésie de l'œuvre de l'artiste, mais permet aussi d'explorer avec minutie la complexité d'un geste fait de répétitions et de nuances ; un geste dont nous reconnaissons les qualités essentielles peinture après peinture, en même temps qu'il semble se transformer continuellement, nous forçant à rester en état d'alerte, vigilants, pour ne pas laisser l'œuvre échapper à notre regard. Chaque visite des salles de l'exposition nous replonge dans l'expérience des quelques curieux qui ouvrirent les portes de la galerie d'Yvon Lambert en 1969 et ne virent certainement rien dans un premier temps – il était d'usage de dire à cette époque que l'on venait chez Yvon Lambert pour ne rien voir – pour découvrir avec un étonnement certain que des œuvres se projetaient vers eux depuis les murs de la galerie, dans un silence et une discrétion qui donnaient à leur présence une dimension à la fois tangible et spirituelle. "La beauté paradoxale d'une telle œuvre réside en partie dans le fait que Robert Ryman, insistant constamment sur la matérialité du travail entrepris, produit ainsi, petit à petit, de façon spéculative et pragmatique à la fois, une œuvre qui, dans ce siècle, est l'une de celles qui atteint la plus haute spiritualité[6]."

Devant nos yeux, c'est tout le système de pensée et de création de Robert Ryman qui semble se déployer. Le choix de la forme de la toile sur châssis d'abord. Un carré car cela permet de ne pas donner l'illusion que l'artiste traitera un sujet autre que celui de la peinture même. Un rectangle horizontal évoque toujours un paysage quand un rectangle vertical

5- Benjamin Buchloh, "Niele Toroni", in *Essais historiques II*, Art édition, Villeurbanne, 1992, p. 86.
6- Daniel Buren, *L'Ineffable. À propos de l'œuvre de Robert Ryman*, Édition Jannink, Paris, 1999, p. 28.

Shown in the same events as the other artists of their generation, such as Donald Judd, Lawrence Weiner, Robert Morris, Richard Long, Robert Barry, Sol LeWitt, and the like, they took part in the fulfillment of the formal reduction of the work while at the same time keeping the presence of the artist's gesture, though freed from any form of expressiveness. In this respect, it is worth noting that the ten Robert Ryman pieces dated between 1965 and 1972 in Yvon Lambert's collection, sit alongside many works from the same period by the artists mentioned, in a way that it is easy to observe the relations between each of them.

Ryman shared with Robert Mangold the desire to preserve painting, based on its intrinsic qualities at a time when people were announcing its final death. With Brice Marden, he shared a kind of elegance and distance tinged with an undeniable bodily and sensual involvement. With Niele Toroni, he shared a liking for a painting that we might call realist, to such an extent, with what the Swiss artist described as "the imprint is not image, idea, illusion of a painting, but rather the real imprint of brush no. 50."[5] With Cy Twombly, another artist who defies pigeonholing, there was undoubtedly a particular liking for erasure, the tension between presence and absence of the painted elements, a taste for shades of white, blue, and gray.

In this historical ensemble, Robert Ryman's works have the distinction of being conceived only from white paint, even though the artist often managed to use other colors. Coming upon these ten paintings in the hanging of the Collection Lambert gives the pleasure of total immersion in the poetry of the artist's oeuvre, but it also makes it possible to painstakingly explore the complexity of a gesture made up of repetitions and nuances; a gesture whose essential qualities we recognize, painting after painting, at the same time as the oeuvre seems to be continually changing, forcing us to stay in a state of alertness, watchful so as to not to let the oeuvre escape our gaze. Every visit to the exhibition plunges us back into the experience of those few curious visitors who pushed open the doors of Yvon Lambert's gallery in 1969, and undoubtedly saw nothing there to begin with—it was customary to say in those days that one went to Yvon Lambert's gallery to see nothing—only to discover in due course, with a certain surprise, that works were being projected towards them from the gallery walls in a silence and discretion that lent their presence a dimension that was at once tangible and spiritual. "The paradoxical beauty of such an oeuvre lies in part in the fact that Robert Ryman, who constantly emphasized the material nature of the work undertaken, thus produced, little by little, and in a speculative and pragmatic manner, an oeuvre that, in this century, is one of those which achieves the highest spirituality."[6]

Before our eyes, Robert Ryman's entire system of thinking and creating unfurls. The choice of the shape of the stretched canvas, first and foremost: a square, because this makes it possible not to give the illusion that the artist will be dealing with a subject other than the painting itself. A horizontal rectangle always conjures up a landscape, while a vertical

5- Benjamin Buchloh, "Niele Toroni," in *Essais historiques II*, trad. Claude Gintz (Villeurbanne: Art édition, 1992), p. 86.
6- Daniel Buren, *L'ineffable. À propos de l'œuvre de Robert Ryman* (Paris: Édition Jannink, 1999), p. 28.

évoque invariablement un portrait. Le choix de la toile ou du plan dont la matière doit contraster avec la couche de peinture qui sera appliquée dessus et avec le mur sur lequel l'œuvre sera installée. Le blanc est utilisé pour sa neutralité et sa capacité à entrer lentement en tension avec la lumière qui se dépose sur l'œuvre. Enfin, Robert Ryman choisit le pinceau, qu'il pense être l'objet adéquat pour explorer une manière particulière d'appliquer la matière sur la toile. Le reste est un mélange d'improvisation et d'implication physique et mentale dans l'ici et maintenant de la création de l'œuvre. "Sa touche ne s'accompagne d'aucune virtuosité ostentatoire. Obéissante sinon « guide », la main doit se montrer docile : elle participe à un programme dans lequel elle joue sa partition, sans plus, s'interdisant la timidité comme les extravagances de la « patte »[7]."

Ce que vous voyez est ce que vous voyez, pourrait-on dire en reprenant les mots de Frank Stella *("What you see is what you see")*, dont les peintures noires faites de bandes reprenant la taille exacte de l'épaisseur du châssis ont beaucoup influencé l'artiste. Ce que nous voyons, c'est ce que Robert Ryman nomme une peinture réaliste : une peinture pour la conception et le partage de laquelle il utilise une surface réelle, une lumière réelle, des matériaux réels et qui produit une expérience réelle, explique l'artiste à travers de nombreuses interviews. L'utilisation du blanc permet plus que toute autre couleur de faire apparaître tous les éléments constitutifs de la peinture – toile, châssis, vis, clous, couche picturale, signature, murs et sols – et de travailler, œuvre après œuvre, à faire apparaître la peinture dans son ensemble. Il n'y a pas d'image chez Ryman, pas de symbole ni de récit, mais une simplification si radicale que seule la peinture subsiste. Dans cette véritable déconstruction du médium, chaque élément importe autant que l'autre, si bien que l'œuvre, précise l'artiste, ne peut exister à l'écart de la situation qui en permettra l'expérimentation. En d'autres termes, l'œuvre n'existe que si elle est activée, et donc installée dans un contexte d'exposition. Elle doit être accrochée dans la pièce, offerte au regard du spectateur, pour déployer sa pleine puissance sensible. Stockée et accrochée sur les rayonnages des réserves de la Collection Lambert, elle n'est pas ou pas encore l'œuvre qu'a pensée et conçue Robert Ryman. Elle n'est pas une peinture ; pas la peinture.

De nombreuses œuvres portent encore au dos, écrites sur de simples post-it, des précisions de Robert Ryman, expliquant que telle œuvre ne doit être ni encadrée ni protégée de telle ou telle sorte, sous peine de ne pas correspondre à la volonté de l'artiste, qui invite le collectionneur à préférer ne pas montrer l'œuvre le cas échéant.

Cette attention particulière portée à l'expérience de l'œuvre résonne avec les réflexions d'autres artistes de la même génération pour lesquels les écrits de Maurice Merleau-Ponty constituent une source d'inspiration considérable dans la manière de penser l'œuvre d'art dans son rapport à l'espace, au temps, mais aussi aux êtres et à l'expérience qu'ils font des œuvres. Chez Robert Ryman, elle induit aussi la façon dont l'œuvre se documente. Fréquemment, l'artiste a ainsi expliqué qu'il ne souhaitait

7- Denys Riout, *La Peinture monochrome. Histoire et archéologie d'un genre*, Folio Essais, Paris, 2006, p. 215.

rectangle invariably suggests a portrait. The choice of canvas or surface whose material must contrast with the layer of paint that will be applied on it and with the wall on which the work will be installed. White is used for its neutrality and its capacity to slowly enter a state of tension with the light cast upon the work. Lastly, Robert Ryman chooses the brush that he thinks is the appropriate object for exploring a particular way of applying the paint to the canvas. The rest is a mixture of improvisation and physical and mental involvement in the here-and-now of the work's creation. "His touch is not accompanied by any ostentatious virtuosity. Obedient if not 'guiding,' the hand must be docile: it takes part in a program in which it plays its score, no more, abstaining from both coyness and the extravagances of the 'signature.'"[7]

What you see is what you see, we might say, borrowing the words of Frank Stella, whose black paintings, consisting of stripes using the exact size of the depth of the stretcher, greatly influenced Ryman. What we see is what Ryman calls a realist painting, the conception and sharing of which uses a real surface, real light, real materials, and a painting that produces a real experience, as the artist explains in many interviews. More than any other color, the use of white makes it possible to bring out all the constituent elements of the painting—canvas, stretcher, screws, nails, painting layer, signature, walls and floors—and to work, piece after piece, on bringing out the painting in its entirety. There is no imagery in Ryman's work, there are no symbols or narratives, but such a radical simplification that only the painting exists. In this veritable deconstruction of the medium, each element matters as much as the next, in such a way that, as the artist points out, the work cannot exist apart from the situation that will allow experimentation with it. Otherwise put, the work only exists if it is activated and thus installed in an exhibition setting. It must be hung in the room, offered to the viewer's eye in order to develop its full perceptible power. When stored and hung on the shelves in the Collection Lambert storeroom, it is not, or not yet, the work that Robert Ryman devised and designed. It is not a painting; not painting.

On the back of many works there are still Robert Ryman's specifications, written on simple Post-it notes, explaining that such and such a work must not be framed or protected in any way, at the risk of not meeting the artist's wishes, which means in some cases, the collector not showing the work if necessary.

This special attention given to the experience of the work echoes the thoughts of other artists belonging to the same generation, for whom the writings of Maurice Merleau-Ponty represent a considerable source of inspiration in the way of thinking about the artwork in relation to space and time, as well as to beings and the experience they have of works. For Robert Ryman, this attention also involves the way in which the work is documented. The artist has thus frequently explained that he did not want his works to

7- Denys Riout, *La Peinture monochrome. Histoire et archéologie d'un genre* (Paris: Folio Essais, 2006), p. 215.

pas que ses œuvres soient photographiées en couleurs dans les ouvrages qui lui sont dédiés. Jugeant à raison qu'une telle photographie voudrait s'approcher au plus près de la réalité du travail sans jamais pouvoir la refléter dans toute sa complexité, et serait par là même illusionniste, l'artiste a toujours préféré la reproduction noir et blanc, celle-ci restant à distance du réel, assumant le statut de document objectif. Il a été choisi pour cet ouvrage une solution particulière, qui permet à notre sens de raconter l'exposition présentée à la Collection Lambert. Il a été demandé au photographe Victor Picon de réaliser une série de vues d'exposition en couleurs, d'une tonalité relativement neutre, sur lesquelles les œuvres apparaissent dans leur contexte de présentation. L'attention a été portée sur la manière dont elles apparaissent à la lumière de la Provence, si chère au cœur d'Yvon Lambert et qui imprègne les salles de l'hôtel de Caumont la majeure partie de l'année ; la manière dont elles s'inscrivent dans l'architecture des lieux, dont elles habitent les espaces, la tension créée avec les murs, le sol… Quelques gros plans ont été réalisés sur des œuvres dont les jeux de matière, les contrastes entre les différentes composantes de la peinture nous semblaient particulièrement intéressants.

La mort de Robert Ryman, le 8 février 2019, a constitué le point de départ de cet hommage qui lui est rendu sous la forme d'une exposition de la totalité de ses œuvres conservées à Avignon et de la publication de ce deuxième *Cahier de la Collection Lambert*. Nos pensées lui sont adressées.

Marseille, le 31 janvier 2020
À Tiphanie et Saul qui éclairèrent de leur présence un 8 février que je n'oublierai pas.

Le présent texte n'aurait pu être écrit de la sorte sans le soutien et la complicité d'Yvon Lambert, que je remercie pour les discussions passionnées que nous partageons depuis près de quinze ans, des réserves de la Collection Lambert au bureau de sa librairie ou au salon de son appartement parisien.

be photographed in color in books about him. Rightly deeming that the intent of this kind of photography would be to get as close as possible to the work without ever managing to reflect it in all its complexity, and would thereby even be illusionistic, the artist always preferred black-and-white reproductions, which remains at some remove from reality, and takes on the status of an objective document. For this book, a particular solution has been chosen, which in our view makes it possible to talk about the exhibition on view in the Collection Lambert. The photographer Victor Picon was asked to produce a series of exhibition views in color, with a relatively neutral tone, in which the works can be seen in situ. A close eye has been kept on the way they appear in the light of Provence so dear to Yvon Lambert's heart, a light that fills the rooms of the Hôtel de Caumont for most of the year; the way they become part of the architecture of the building, the way they inform the spaces, the tension created with the walls, the floor, and so on. One or two close-ups of the works have been produced, where the interplay of paint and the contrasts between the different components of the painting seemed to us to be of particular interest.

Robert Ryman's death on February 8, 2019 became the starting point for this tribute, paid to him in the form of an exhibition of all his works held in Avignon, and this publication, the second *Cahier de la Collection Lambert*. Our thoughts are with him.

Marseille, January 31, 2020
To Tiphanie and Saul whose presence lit up a February 8th that I shall never forget.

This essay could never have been written as is without the support and complicity of Yvon Lambert, whom I thank for the passionate discussions we have been having for almost fifteen years, from the Collection Lambert's storerooms to the desk in his library and the living room in his Parisian apartment.

Vue de l'exposition des œuvres de Robert Ryman à la Collection Lambert

Finished Painting #3, 1970, peinture glycérophtalique sur toile de lin
Unfinished Painting #1, 1970, peinture glycérophtalique sur toile de lin
Rei Naito, *Pillow for the Dead*, 1997-1998, organza de soie

Finished Painting #3, 1970, peinture glycérophtalique sur toile de lin
Unfinished Painting #1, 1970, peinture glycérophtalique sur toile de lin

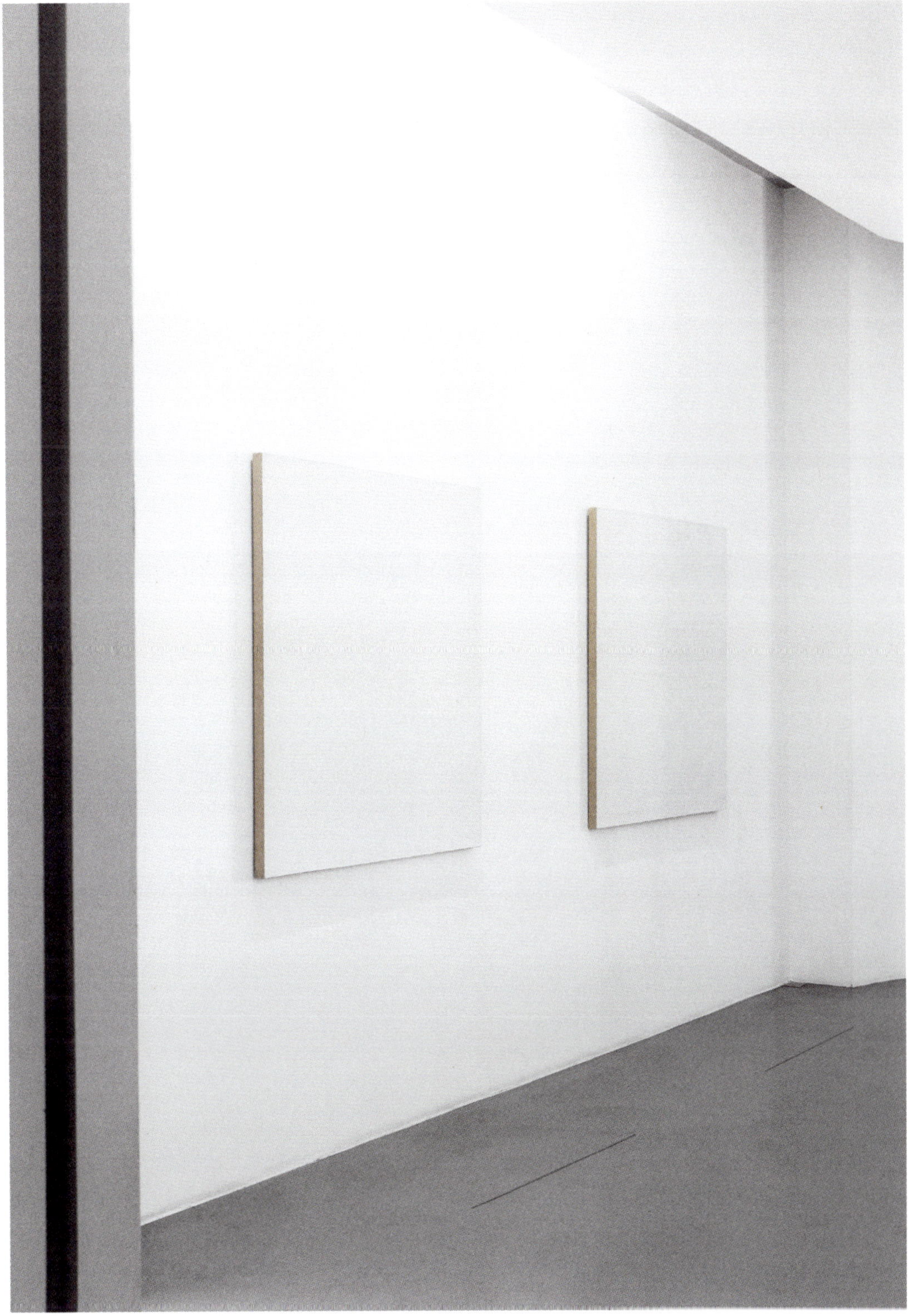

Rei Naito, *Pillow for the Dead*, 1997-1998, organza de soie

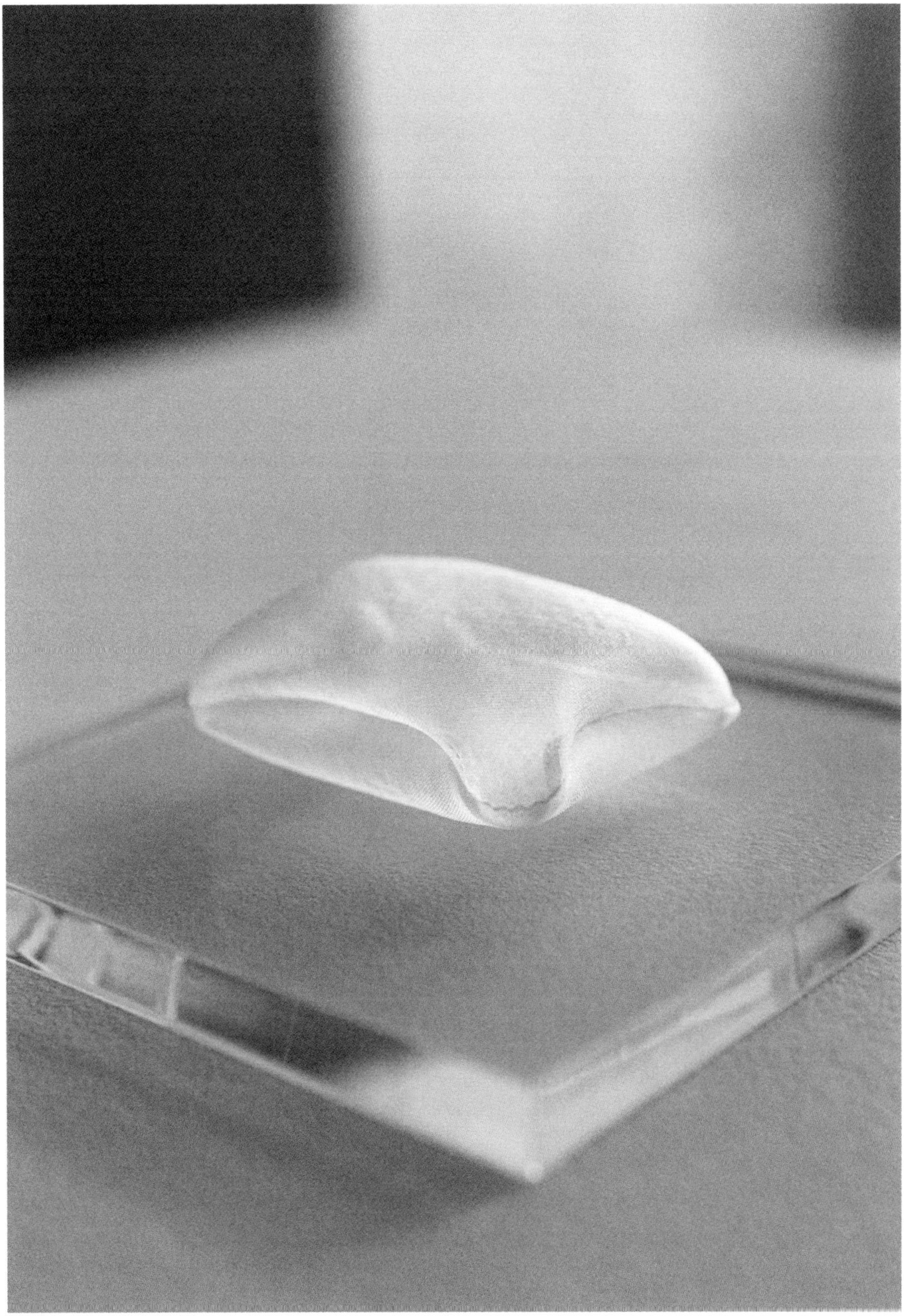

Untitled Painting, 1972, peinture glycérophtalique sur toile de lin
Untitled, 1965, huile sur toile de lin
Lisson, 1972, peinture glycérophtalique sur toile de lin

Lisson, 1972, peinture glycérophtalique sur toile de lin

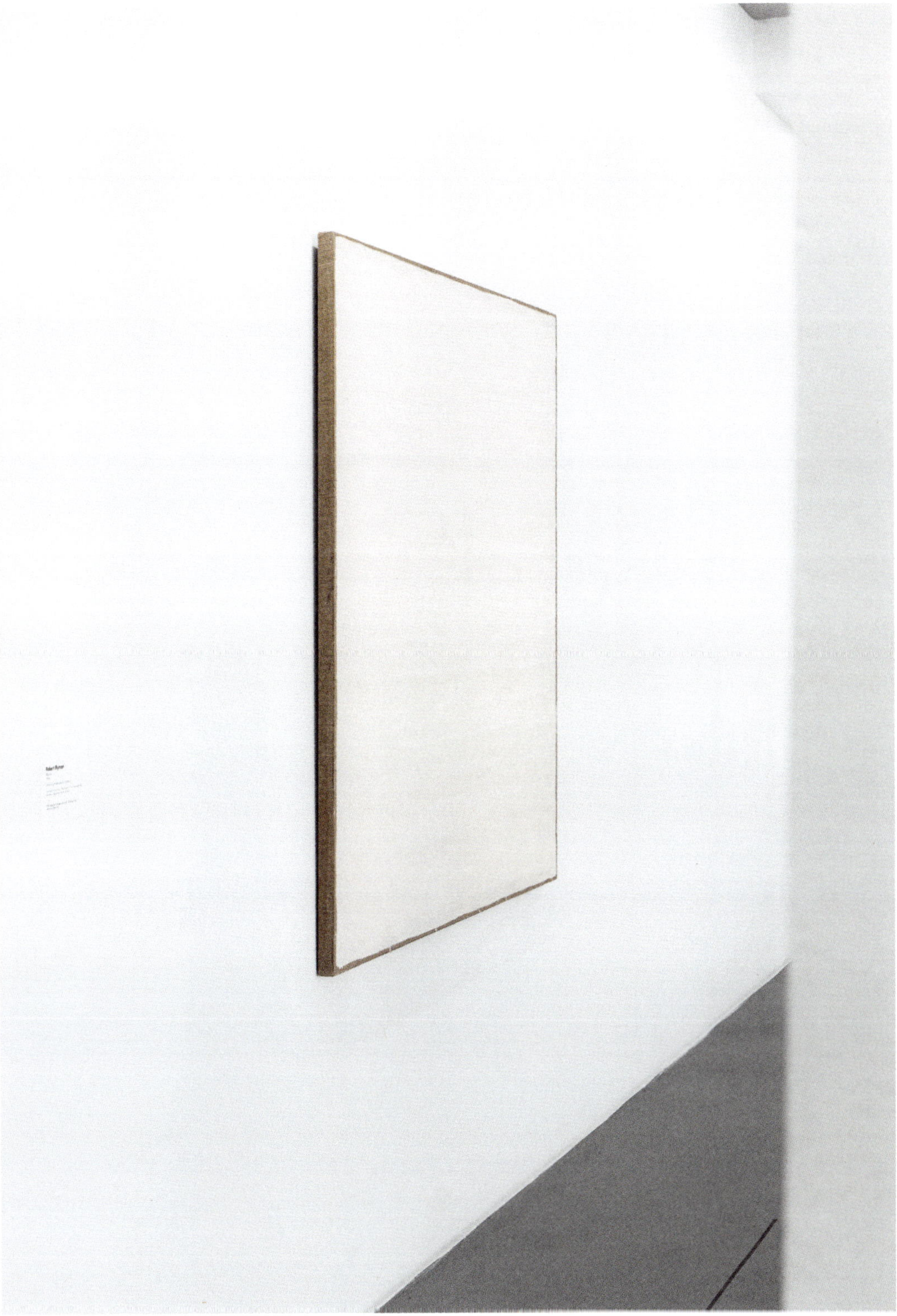

Lisson, 1972, peinture glycérophtalique sur toile de lin

Untitled, 1965, huile sur toile de lin

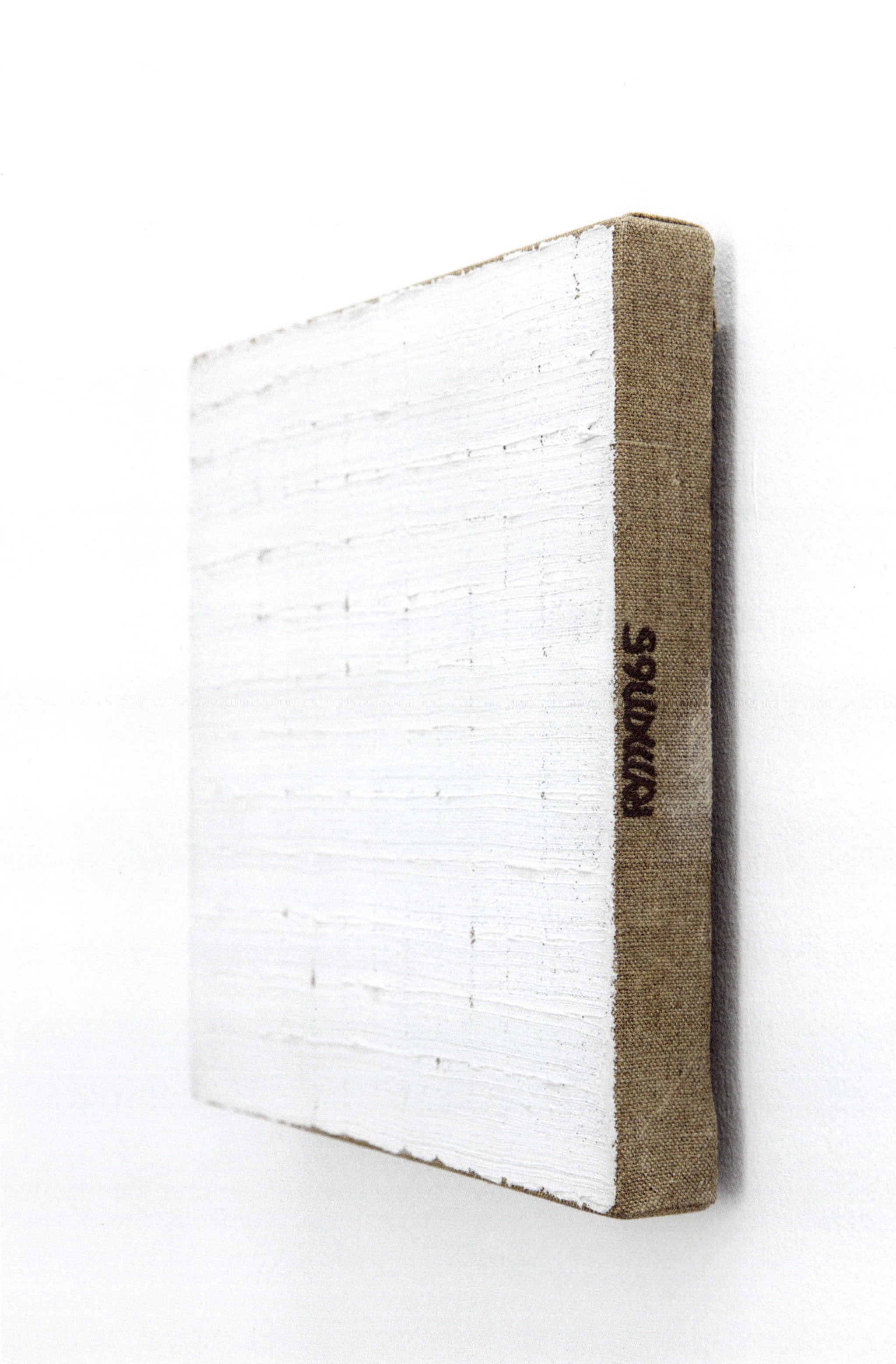

Untitled, 1965, huile sur toile de lin (revers)

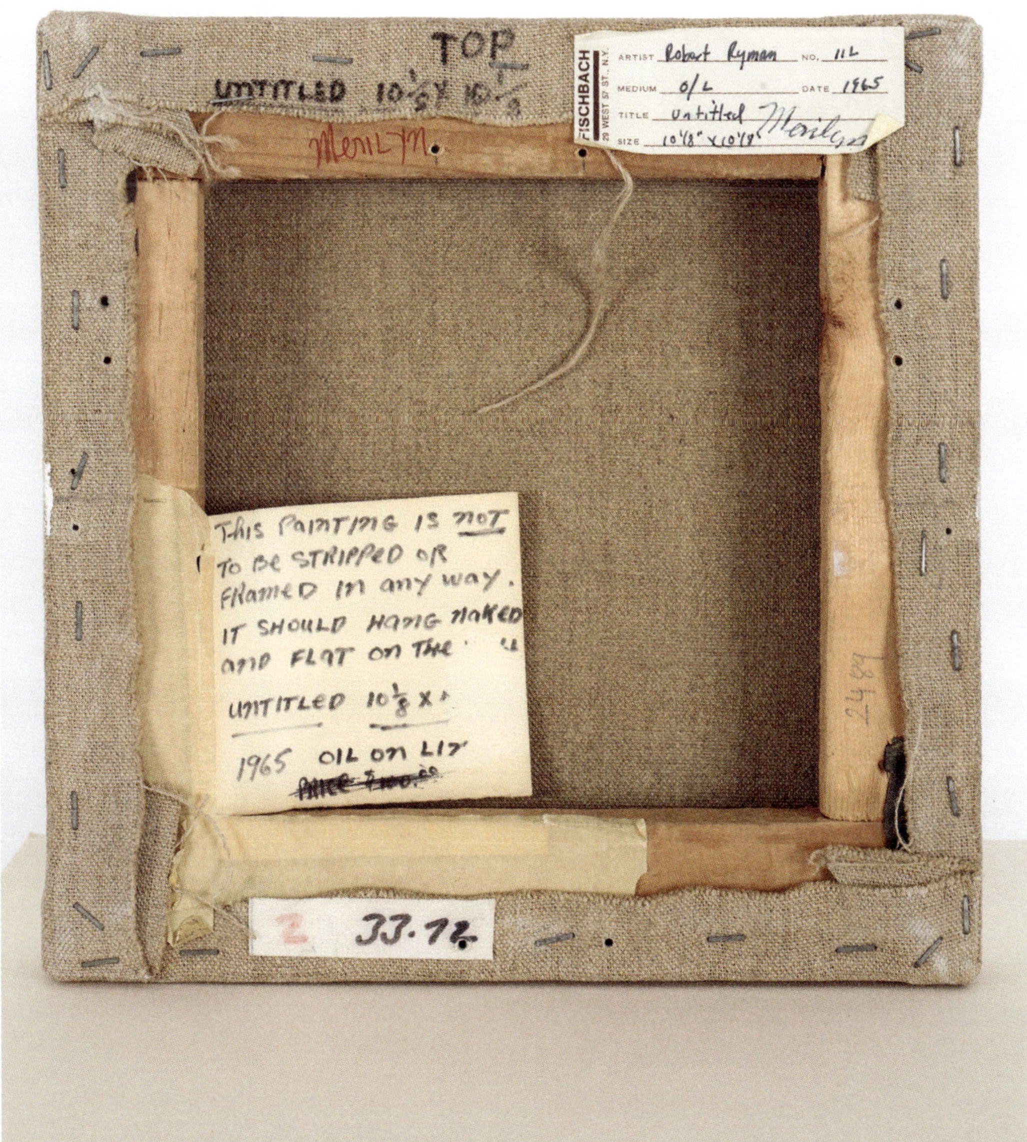
TOP
UNTITLED 10 1/8 X 10 1/8
FISCHBACH
29 WEST 57 ST., N.Y.
ARTIST Robert Ryman NO. 11L
MEDIUM O/L DATE 1965
TITLE Untitled
SIZE 10 1/8" x 10 1/8"
THIS PAINTING IS NOT
TO BE STRIPPED OR
FRAMED IN ANY WAY.
IT SHOULD HANG NAKED
AND FLAT ON THE
UNTITLED 10 1/8 X
1965 OIL ON LIN
2 JJ.72

Untitled [Surface Veil], 1970, huile sur fibre de verre avec cadre en papier ciré et ruban adhésif
General, 1970, peinture glycérophtalique sur toile de coton

Untitled [Surface Veil], 1970, huile sur fibre de verre avec cadre en papier ciré et ruban adhésif

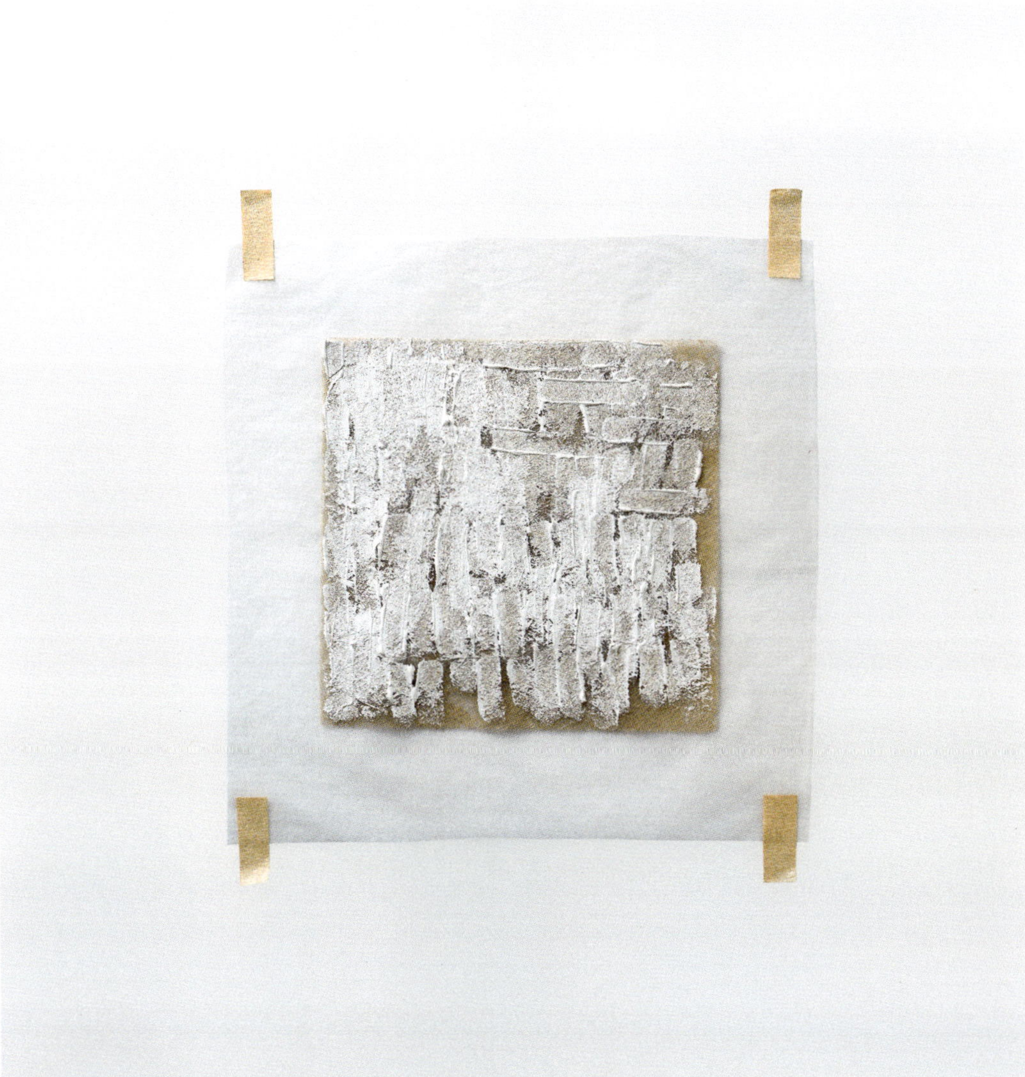

General, 1970, laque sur toile de coton

Bent Line Drawing, 1970, feutre sur textile marouflé tendu sur carton

PRÉSENTATION DES ŒUVRES DE ROBERT RYMAN

à la Collection Lambert, Avignon

- "Rendez-vous 1", 27 juin-1er octobre 2000
- "5 ans. Les œuvres de la Collection Lambert", 25 juin 2005-4 juin 2006
- "J'embrasse pas", 27 octobre 2007-20 janvier 2008
- "Sans titre. Œuvres de la Collection Lambert. Peintures des années 1970-1980", 24 octobre 2009-7 février 2010
- "Je crois aux miracles. 10 ans de la Collection Lambert", 12 décembre 2010-8 mai 2011
- "Les chefs-d'œuvre de la donation Yvon Lambert", 7 juillet-11 novembre 2012
- "Réouverture de la Collection Lambert", 11 juillet-18 octobre 2015
- "Un nouveau regard sur la Collection Lambert", 20 décembre 2015-12 juin 2016
- "Djamel Tatah. Échos à des peintures et dessins classiques et aux monochromes de la Collection Lambert", 3 décembre 2017-20 mai 2018
- "Un art de notre temps #1. Œuvres de la Collection Lambert", 16 juin 2018-26 mai 2019
- "Robert Ryman, œuvres de la Collection Lambert", 11 juin 2019-1er mars 2020

QUELQUES EXPOSITIONS MAJEURES DE ROBERT RYMAN

à travers le monde

- The Museum of Modern Art, New York, 1958. Exposition du personnel au Museum of Modern Art, et première présentation publique de son travail / Staff exhibition at The Museum of Modern Art and first public presentation of his work.
- "Systemic Painting", Salomon R. Guggenheim Museum, New York, 21 septembre-27 novembre 1966.
- Paul Bianchini Gallery, New York, 11 avril-3 mai 1967. Première exposition personnelle à l'âge de 36 ans / First solo exhibition at the age of 36.
- Galerie Heiner Friedrich, Munich, 19 novembre-10 décembre 1968. Première exposition personnelle en Europe / First solo exhibition in Europe.
- "When Attitudes Become Form: Works, Concepts, Processes, Situations, Information", Kunsthalle, Bern, 22 mars-27 avril 1969 / Museum Haus Lange, Krefeld, Allemagne, 10 mai-15 juin 1969 / Institute of Contemporary Arts, Londres, 28 septembre-27 octobre 1969. Exposition majeure regroupant les artistes de l'art minimal et conceptuel / Major exhibition with artists from minimal and conceptuel art.
- Galerie Yvon Lambert, Paris, 27 novembre-fin décembre 1969.
- Konrad Fischer Galerie, Düsseldorf, 11 novembre-12 décembre 1969.
- Salomon R. Guggenheim Museum, New York, 3 mars-7 mai 1972. Première exposition personnelle dans un musée. Trente-huit œuvres sont présentées / First solo exhibition in a museum. Thirty-eight works are presented.
- Documenta de Cassel, 1972, 1977, 1982.
- Stedelijk Musem, Amsterdam, 1er février-24 mars 1974. Première rétrospective / First retrospective.
- Biennale de Venise, 1976, 1978, 1980.
- Biennale de Whitney, 1977, 1987, 1995.
- "Robert Ryman: Gemälde, 1958-1980", Halle für Internationale neue Kunst, Zürich, 15 juin-10 août 1980 / Centre Pompidou, musée national d'Art moderne, Paris, 1er octobre-16 novembre 1981 / Städtische Kunsthalle, Düsseldorf, 4 décembre 1981-10 janvier 1982.
- Dia Art Foundation, New York, 7 octobre 1988-18 juin 1989.
- Tate Gallery, Londres, 17 février-24 avril 1993 / Museo Nacional Centro de Arte Reina Sofia, Madrid, 25 mai-16 août 1993 / The Museum of Modern Art, New York, 22 septembre 1993-4 janvier 1994 / San Francisco Museum of Modern Art, 3 février-17 avril 1994 / Walker Art Center, Minneapolis, 23 juillet-2 octobre 1994. Grande rétrospective itinérante sous le commissariat de Robert Storr et organisée conjointement par la Tate Gallery, Londres et le Museum of Modern Art, New York / Major travelling retrospective curated by Robert Storr and jointly organized by the Tate Gallery, London and The Museum of Modern Art, New York.
- Dia: Beacon, New York, mai 2003. Plusieurs salles consacrées à Robert Ryman de manière permanente et réinstallées en 2010 / Several rooms dedicated to Robert Ryman permanently and reinstalled in 2010.
- Dia: Chelsea, New York, 9 décembre 2015-18 juin 2016 / Museo Jumex, Mexico City, 4 mars-30 avril 2017.

LISTE DES ŒUVRES DE ROBERT RYMAN

en dépôt à la Collection Lambert

Untitled, 1965, huile sur toile de lin / oil on linen canvas, 26 × 26 cm, FNAC 2013-0066, donation Yvon Lambert à l'État français / Centre national des arts plastiques / Dépôt à la Collection Lambert, Avignon

Bent Line Drawing, 1970, feutre sur textile marouflé tendu sur carton / felt pen on textile stretched on cardboard, 51,5 × 51,5 cm, FNAC 2013-0068, donation Yvon Lambert à l'État français / Centre national des arts plastiques / Dépôt à la Collection Lambert, Avignon

General, 1970, laque sur toile de coton / lacquer on cotton canvas, 138,5 × 138,5 cm, FNAC 2013-0067, donation Yvon Lambert à l'État français / Centre national des arts plastiques / Dépôt à la Collection Lambert, Avignon

General, 1970, peinture glycérophtalique sur toile de coton / glycerophtalic paint on cotton canvas, 126,1 × 126,1 cm, collection privée, Paris / Dépôt à la Collection Lambert, Avignon

Unfinished Painting #1, 1970, peinture glycérophtalique sur toile de lin / glycerophtalic paint on linen canvas, 127,5 × 127,1 cm, FNAC 2014-0444, donation Yvon Lambert à l'État français / Centre national des arts plastiques / Dépôt à la Collection Lambert, Avignon

Unfinished Painting #2, 1970, peinture glycérophtalique sur toile de lin / glycerophtalic paint on linen canvas, 127,1 x 127,1 cm, collection privée, Paris / Dépôt à la Collection Lambert, Avignon

Finished Painting #3, 1970, peinture glycérophtalique sur toile de lin / glycerophtalic paint on linen canvas, 127,1 × 127,1 cm, donation Yvon Lambert à l'État français / Centre national des arts plastiques / Dépôt à la Collection Lambert, Avignon

Untitled [Surface Veil], 1970, huile sur fibre de verre avec cadre en papier ciré et ruban adhésif / oil on fiberglass with waxed paper frame and masking tape, 25,9 × 21,7 cm, collection privée, Paris / Dépôt à la Collection Lambert, Avignon

Lisson, 1972, peinture glycérophtalique sur toile de lin / glycerophtalic paint on linen canvas, 153 × 152,7 cm, FNAC 2014-0446, donation Yvon Lambert à l'État français / Centre national des arts plastiques / Dépôt à la Collection Lambert, Avignon

Seven Aquatints, 1972, aquatinte couleur sur papier / color aquatint on paper, 7 éléments / 7 elements, 62 × 61 cm chaque / each, collection privée, Paris / Dépôt à la Collection Lambert, Avignon

Untitled Painting, 1972, peinture glycérophtalique sur toile de lin / glycerophtalic paint on linen canvas, 152,5 × 152,5 cm, FNAC 2014-0445, donation Yvon Lambert à l'État français / Centre national des arts plastiques / Dépôt à la Collection Lambert, Avignon

Remerciements

Franck Riester,
ministre de la Culture

Cécile Helle,
maire d'Avignon

Marc Ceccaldi,
directeur régional des affaires culturelles de Provence-Alpes-Côte d'Azur

Renaud Muselier,
président de la Région Sud Provence-Alpes-Côte d'Azur

Béatrice Salmon,
directrice du Centre national des arts plastiques

Laurent Bourgois et l'Association des amis de la Collection Lambert, Avignon

La Collection Lambert remercie tout particulièrement Yvon Lambert, Ève Lambert et l'Estate Robert Ryman, New York

Crédits
Pour les œuvres de Robert Ryman : © ADAGP, Paris 2020
Pour l'œuvre de Rei Naito, *Pillow for the Dead*, 1997-1998, organza de soie, FNAC 2014-0435, Donation Yvon Lambert à l'État français / Centre national des arts plastiques / Dépôt à la Collection Lambert, Avignon : © Rei Naito
P. 1 à 5, 12-13, 19, 25, 32 à 47, 50-51, 54-55, 64 : © photo Victor Picon
P. 49, 57 : © photo François Deladerrière

ÉQUIPE DE LA COLLECTION LAMBERT

Président d'honneur
Yvon Lambert

Président du conseil d'administration
Jean-Luc Choplin

Directeur
Alain Lombard

Administrateur
Pierre Vialle

Programmation artistique et culturelle
Stéphane Ibars

Communication
Stéphane Ibars, Florence Tabourdeau, Cyril Bruckler

Conservation et restauration
Zoë Renaudie, assistée de Laetitia Sanz et Lise Vanthournout

Régie des œuvres
Guy Cortes, Philippe Daval, Abdelkader Kedjam

Service des publics
Tiphanie Romain, Anaïs Arvis, Alice Durel, assistées de Florent Dragone et Johanna Pracht

Accueil des publics
Florence Tabourdeau

Publications
Aude Marquet

Éditions d'artistes et multiples
Tiphanie Romain

Librairie
Christophe Martin

Comptabilité et secrétariat
Clémentine Sibbour, Marlène Lombardin

Sécurité et bâtiment
Guillaume Labeaume

Équipe des agents d'accueil, de surveillance et de sécurité
César Angeli, Fatiha Arhzaf, Romain Eggermont, Frédéric Gynalhac, Audrey Kadi, Guillaume Maestri, Youri Martin, Mayeul Maurel, Corinne Parmentier, Jean-François Pastor, Nadine Petit, Guillaume Pissavy, Mathilde Secretant, Yannick Terras, Pauline Tralongo, Vanessa Vu Van, Tarek Zaraa

ACTES SUD

Éditrice
Aude Gros de Beler

Traduction
Simon Pleasance & Fronza Woods

Conception graphique
Christel Fontes

Fabrication
Camille Desproges

Photogravure
Christophe Girard

COLLECTION LAMBERT

Directeur
Alain Lombard

Directeur d'ouvrage
Stéphane Ibars

Coordination éditoriale
Aude Marquet

Mise en page
Florence Tabourdeau

© Actes Sud / Collection Lambert, 2020
ISBN : 978-2-330-13331-3

www.actes-sud.fr

Ouvrage reproduit et achevé d'imprimer en juin 2020 par l'imprimerie Geers, Belgique, pour le compte des éditions Actes Sud, Le Méjan, place Nina-Berberova, 13200 Arles.

Dépôt légal 1re édition : juillet 2020

Page suivante : *Lisson*, 1972, peinture glycérophtalique sur toile de lin (détail)